Las economías más grandes de Asia

Dream big, our little Boo
– Mommy & Daddy –

© Derechos de Autor 2023 - Yeonsil Yoo, todos los derechos reservados.
Paperback ISBN: 978-1-7380682-4-1
Hardback ISBN: 978-1-7380682-5-8
eBook ISBN: 978-1-7380682-6-5

El contenido de este libro no puede ser reproducido, duplicado o transmitido sin el permiso escrito directo del autor o del editor.

Bajo ninguna circunstancia se responsabilizará o se culpará al editor o al autor por daños, reparaciones o pérdidas monetarias debido a la información contenida en este libro, ya sea directa o indirectamente.

Aviso Legal:
Este libro está protegido por derechos de autor. Es solo para uso personal. No puede modificar, distribuir, vender, usar, citar o parafrasear ninguna parte, o el contenido de este libro, sin el consentimiento del autor o editor.

Aviso de Descargo:
Tenga en cuenta que la información contenida en este documento es solo para fines educativos y de entretenimiento. Se ha hecho todo el esfuerzo para presentar información precisa, actualizada, confiable y completa. No se declaran ni se implican garantías de ningún tipo. Los lectores reconocen que el autor no ofrece asesoramiento legal, financiero, médico o profesional. El contenido de este libro ha sido derivado de varias fuentes. Por favor, consulte a un profesional licenciado antes de intentar cualquier técnica descrita en este libro.

Kids' Guide

Las economías más grandes de *Asia*

¡Pequeña guía sobre las principales industrias de Asia y las historias de su crecimiento!

By Yeonsil Yoo

Contents

Capítulo 1: Este de Asia

China: El país de los innumerables inventos
Japón: El país de las maravillas robóticas
Corea del Sur: El Creador de la genial Cultura Pop
Taiwán: El superhéroe de los chips diminutos

Capítulo 2: Sureste Asiático

Indonesia: La isla de la abundancia
Malasia: Los Maestros de la Electrónica
Filipinas: Campeones Mundiales del Trabajo en Equipo
Singapur: La pequeña isla con un puerto gigante
Tailandia: El Reino de las Vacaciones de Ensueño
Vietnam: La maravilla del ensamblaje

Capítulo 3: Sur de Asia

Bangladesh: El genio de las telas
India: Los Maestros de los Códigos
Pakistán: Los expertos en algodón
Sri Lanka: El paraíso del té

Capítulo 4: Asia Central

Kazajistán: El Explorador de la Energía
Uzbekistán: El Buscador de Maravillas Ocultas

Capítulo 5: Asia Occidental

Irán: Los audaces detectives de la energía
Israel: Las estrellas de la tecnología
Arabia Saudita: El rey del petróleo
Turquía: Los artesanos del automóvil
Emiratos Árabes Unidos: Los escultores rascacielos

Bienvenido a *Asia*

¡Tierra de economías en auge e historias inspiradoras!

¡Hola, futuro viajero del mundo! Al abrir este libro, has dado el primer paso en un apasionante viaje por Asia, un continente rebosante de culturas vibrantes, tradiciones milenarias y, sí, economías en auge.

Quizá estés pensando: "¿qué es exactamente una economía? Piensa en ella como un gigantesco mercado donde la gente crea, compra y vende todo tipo de cosas. Es una vitrina de la riqueza y los logros de una nación.

Al hojear las páginas, explorarás varios países asiáticos, cada uno con su propia historia económica. Prepárate para descubrir montones de datos interesantes y descubrir las fascinantes historias de las principales industrias de cada país.

¿Estás preparado? ¡Ponte tu sombrero de explorador y empecemos ya la aventura!!

Capítulo 1: Este de Asia

China

El país de los innumerables inventos

- Población: 1.400 millones
- Capital: Pekín
- Lengua oficial: Chino (mandarín)

Imagina un país con más población que todo Canadá, Estados Unidos y México juntos: ¡eso es China!

China es conocida como "la fábrica del mundo" porque fabrica más cosas que cualquier otro país del planeta. Pero no siempre fue así. Durante mucho tiempo, la economía china estuvo bastante aislada.

Todo cambió en 1978, cuando el líder chino, Deng Xiaoping, puso en marcha un plan que cambió las reglas del juego llamado "Reforma y Apertura". Con tanta gente y nuevas ideas fluyendo, las fábricas de China empezaron a bullir de actividad.

Hoy, estas fábricas crean todo tipo de cosas: desde juguetes y ropa hasta aparatos de vanguardia. La próxima vez que agarres un juguete o utilices un aparato, comprueba si tiene la etiqueta "Fabricado en China". Si encuentras una, ¡tienes un pedazo de la increíble historia de China en tus manos!

Japón

El país de las maravillas robóticas

- Población: 123 millones
- Capital: Tokio
- Idioma oficial: Japonés

¿Alguna vez has deseado tener un compañero robot que ordene tus juguetes o juegue contigo? En Japón, no es sólo un deseo: ¡es una realidad!

Tras la segunda Guerra Mundial, la economía japonesa empezó a crecer. Pronto se enfrentaron a retos como la escasez de mano de obra, pero también vieron increíbles oportunidades en la tecnología. Para hacer frente a estos retos y aprovechar las oportunidades, Japón decidió invertir a lo grande en la fabricación de robots. En la década de 1980, lanzaron un proyecto que buscaba crear máquinas inteligentes, ¡llevando su tecnología robótica al siguiente nivel!

Hoy, Japón tiene más robots por persona que casi cualquier otro país. Se pueden encontrar robots japoneses haciendo todo tipo de trabajos, como tomar pedidos, repartir comida, ¡o incluso bailar!

Así que la próxima vez que veas un robot por el mundo, piensa en Japón. Allí los amigos robots no son sólo sueños, ¡son parte de la vida cotidiana! ¿No es increíble?

Corea del Sur

El creador de la genial cultura pop

- Población: 52 millones
- Capital: Seúl
- Idioma oficial: Coreano

¿Alguna vez has disfrutado con una pegadiza canción de K-pop o has visto un emocionante K-dama en la tele? Estos son sólo un par de productos de entretenimiento producidos por un pequeño país con una gran imaginación: ¡Corea del Sur!

En la década de 1990, Corea del Sur decidió dedicar mucho amor y esfuerzo a crear música, programas de televisión y películas increíbles. Provocaron un movimiento cultural llamado "Hallyu" (u ola coreana) que arrasó Asia. Cuando llegó la década de 2010, las canciones de K-pop y los K-dramas estaban conquistando los corazones no sólo de Asia, sino de todo el mundo.

Gracias a plataformas globales de streaming como Netflix o Spotify, personas de más de 190 países diferentes pueden acceder al arte y la cultura coreanos en cuanto se publican. Es la historia de cómo un pequeño país soñó a lo grande, utilizó la creatividad y la pasión, y acabó difundiendo alegría por todo el mundo. ¿No es increíble?

Taiwán

El superhéroe de los chips diminutos

- Población: 23 millones
- Capital: Taipéi
- Idioma oficial: Chino (mandarín)

¿Y si te dijera que una diminuta nación en una isla del océano Pacífico llamada Taiwán fabrica uno de los productos más pequeños, pero más importantes, de la Tierra? Se llaman chips semiconductores y actúan como mini centros de mando de todos tus aparatos electrónicos, incluidos las computadoras, el teléfono e incluso el refrigerador.

Allá por los años 80, los investigadores y dirigentes de Taiwán se reunieron y urdieron un ingenioso plan. Su objetivo era convertirse en los mejores fabricantes de chips semiconductores del mundo. Para ello, crearon zonas especiales para empresas tecnológicas e invirtieron mucho en investigación y educación. Hoy, esas zonas especiales son el corazón de la industria mundial de semiconductores.

Así que la próxima vez que tu juego favorito se cargue sin problemas o tu videollamada salga perfecta, recuerda que es gracias a los pequeños superhéroes de los chips de Taiwán, ¡los héroes ocultos de nuestro mundo tecnológico!

Capítulo 2: Sureste Asiático

INDONESIA
La isla de la abundancia

- POBLACIÓN: 279 MILLONES
- CAPITAL: YAKARTA
- LENGUA OFICIAL: INDONESIO

¿Te gustan los cereales crujientes o las deliciosas frutas tropicales? Es muy probable que tus alimentos favoritos hayan crecido bajo el cálido sol de Indonesia.

Tras la segunda Guerra Mundial, Indonesia necesitó importar arroz y otros alimentos comunes de otros países. Pero en la década de 1970, el gobierno construyó canales de riego, invirtió en fertilizantes y pesticidas y enseñó a los agricultores nuevos métodos para cultivar.

Con trabajo duro e innovación, Indonesia empezó a producir gran cantidad de su propio arroz. Hoy en día, Indonesia es conocida por algo más que por su arroz. También son grandes productores de maíz, caña de azúcar ¡e incluso aceite de palma!

Así que, cuando disfrutes de cereales o frutas en la mesa del desayuno, recuerda que no son sólo sabrosas golosinas. Son deliciosos trozos de un gran sueño, hecho realidad por la determinación y la agricultura inteligente de Indonesia.

Malasia

Los maestros de la electrónica

- Población: 34 millones
- Capital: Kuala Lumpur
- Idioma oficial: Malayo

¿Sabías que Malasia es realmente buena fabricando componentes electrónicos como pequeños transistores y circuitos inteligentes? Durante mucho tiempo, este industrioso país ha fabricado las piezas que hacen que nuestros aparatos electrónicos funcionen como por arte de magia.

Pero, ¿cómo llegó Malasia a ser tan importante para la industria electrónica? Bueno, a finales del siglo XX, los inteligentes dirigentes de Malasia cambiaron algunas normas para acoger a las grandes empresas tecnológicas de todo el mundo. Instalaron fábricas y contrataron personal en Malasia.

Gracias a estas primeras inversiones y a sus trabajadores cualificados, Malasia se ha convertido en el hogar de los campeones de la electrónica.

Así que la próxima vez que oigas sonar tu teléfono o veas aparecer un mensaje en tu pantalla, recuerda que todo es gracias a Malasia. Son los héroes anónimos que impulsan silenciosamente nuestra magia tecnológica diaria.

Filipinas

Campeones mundiales del trabajo en equipo

- Población: 116 millones
- Capital: Manila
- Lenguas oficiales: filipino e inglés

¿Te gusta trabajar con tus amigos en proyectos escolares? ¡A Filipinas también le encanta!

Este país es como un equipo gigante que apoya el trabajo a nivel mundial. Las empresas llaman a esto "externalización de procesos empresariales", ¡pero no es más que un nombre elegante para el super trabajo en equipo!

En la década de 1990, a Filipinas se le ocurrió una idea. Se dieron cuenta de que disponían de un grupo de personas con talento y de habla inglesa que podían resolver problemas a distancia utilizando ordenadores. Hoy en día, son tan hábiles que gestionan más del 10% del trabajo subcontratado del mundo. ¡Choca esos cinco!

Cuando colabores con tus amigos en un proyecto escolar, acuérdate de Filipinas: ¡convirtieron el trabajo en equipo en un éxito mundial! ¡Imagínate las grandes cosas que podría conseguir también tu pequeño equipo!

Singapur

La pequeña isla con un puerto gigante

- Población: 6 millones
- Capital: Singapur
- Lenguas oficiales: inglés, chino (mandarín), malayo y tamil

Singapur es una isla diminuta que sólo es lo bastante grande para tener una ciudad. Pero ¿sabías que es uno de los mayores puertos del mundo?

Singapur tiene el lugar perfecto, justo en medio de las concurridas rutas marítimas que conectan Oriente y Occidente. Esta fantástica ubicación la ha convertido en el punto de escala favorito de los barcos que viajan entre Europa y Asia desde hace cientos de años. Con el auge de las economías asiáticas en el siglo XX, el puerto de Singapur se convirtió en el más ajetreado que puedas imaginar.

Hoy en día, es un centro tan bullicioso que maneja una gran parte de todos los contenedores de transporte marítimo del mundo.

Esta pequeña pero poderosa isla nos demuestra que, por pequeño que seas, con un poco de pensamiento inteligente y trabajo duro, ¡puedes causar un gran revuelo en el mundo! Así que recuerda, ¡tú puedes hacer lo mismo!

Tailandia

El reino de las vacaciones de ensueño

- Población: 70 millones
- Capital: Bangkok
- Idioma oficial: Tailandés

¿Has soñado alguna vez con playas soleadas, comida sabrosa y gente super amable? ¡Eso es Tailandia! Es un país que siempre está dispuesto a organizar una fiesta divertida con sus visitantes.

En la década de 1960, Tailandia se dedicaba sobre todo a la agricultura. Pero entonces los dirigentes del país tuvieron una idea brillante. Su hermosa naturaleza y su asombrosa cultura podían atraer a gente de todo el mundo. Así que empezaron a construir mejores carreteras, hoteles de lujo y lugares turísticos impresionantes. Esto convirtió lugares como Bangkok, Phuket y Chiang Mai en lugares que cualquier viajero debe visitar.

Hoy, Tailandia es una atracción turística de primer orden, con más de 35 millones de visitantes al año. ¡Eso es suficiente gente para llenar 500 GRANDES estadios! Y aún hay más: cada delicioso plato que comes o recuerdo que compras ayuda a Tailandia a seguir creciendo y a proteger su impresionante belleza natural. ¡Ésa sí que es una forma sabrosa de marcar la diferencia!

Vietnam
La maravilla del ensamblaje

- **Población:** 105 millones
- **Capital:** Hanói
- **Lengua oficial:** Vietnamita

¿Te gusta resolver rompecabezas? ¡A Vietnam también! Pero en lugar de piezas de rompecabezas, utilizan montones de piezas pequeñas para crear cosas como ropa, zapatos y juguetes.

Durante mucho tiempo, Vietnam se dedicó principalmente a la agricultura. Pero cuando el costo de producción aumentó en China, las empresas empezaron a buscar nuevos lugares donde fabricar sus productos. Vietnam aprovechó esta oportunidad con los brazos abiertos. Gracias a su mano de obra joven y entusiasta y a un entorno favorable a los negocios, muchas empresas internacionales trasladaron sus fábricas a Vietnam. Este cambio aportó más dinero, introdujo nuevas tecnologías y reforzó las relaciones comerciales de Vietnam con otras naciones.

Ahora, Vietnam es una potencia manufacturera mundial. Utilizando piezas más pequeñas y elecciones inteligentes, Vietnam se convirtió en algo increíble. Así que recuerda, al igual que un rompecabezas, cuando juntas las piezas adecuadas con algo de esfuerzo, ¡puedes crear algo realmente asombroso!

Capítulo 3: Sur de Asia

Bangladesh
El genio de las telas

- Población: 167 millones
- Capital: Daca
- Lengua oficial: Bengalí

¿Te has preguntado alguna vez cómo se hace la ropa? Empiezan con grandes cuadrados de tela, como el suave algodón de tu camiseta. Piensa en la tela como si fuera masa de pizza: ¡es la base de todas las deliciosas combinaciones que puedas imaginar!

Hace mucho tiempo, Dhaka, ahora capital de Bangladesh, era famosa por su muselina supersuave que gustaba a reyes, reinas y comerciantes de todo el mundo. Aunque la técnica especial para fabricar la muselina de Dhaka se ha perdido en su mayor parte, Bangladesh ha mantenido vivas sus tradiciones textiles en otros hermosos tejidos.

En la actualidad, Bangladesh mezcla su herencia textil con las nuevas tecnologías de todo el mundo como uno de los principales productores de tejidos del mundo. La próxima vez que te pongas tu camiseta favorita, comprueba su etiqueta. Es muy probable que proceda de Bangladesh, ¡donde la antigua artesanía se encuentra con el mundo moderno!

INDIA

Los maestros de los códigos

- POBLACIÓN: 1.400 MILLONES
- CAPITAL: NUEVA DELHI
- LENGUAS OFICIALES: HINDI, INGLÉS Y OTRAS 21 LENGUAS RECONOCIDAS

¿Te encanta jugar o utilizar aplicaciones divertidas en tu tableta o teléfono? ¿Adivina qué? Muchas de ellas fueron creadas por magos de la codificación de la India.

Tras abandonar el Imperio Británico y convertirse en su propio país, India invirtió mucho en educar a su pueblo en ciencia y tecnología. Crearon escuelas especiales, llamadas Institutos Indios de Tecnología (IIT), para formar a científicos e ingenieros superinteligentes. A medida que el mundo se volvía más digital, India tenía un montón de gente con talento dispuesta a crear programas geniales para el uso diario. Las empresas de todo el mundo no tardaron en pedir ayuda a la India.

Hoy en día, muchos niños de la India sueñan con convertirse en ingenieros y programadores, con la esperanza de marcar una diferencia positiva en nuestro mundo. Piénsalo: con algunas habilidades de programación y una pizca de imaginación, ¡tú también podrías crear algo que la gente de todo el mundo adorará!

PAKISTÁN
Los expertos en algodón

- **POBLACIÓN:** 248 MILLONES
- **CAPITAL:** ISLAMABAD
- **IDIOMAS OFICIALES:** INGLÉS Y URDU

Seguro que tienes una gran bolsa de suaves y esponjosas bolitas blancas en tu cuarto de baño. Son bolitas de algodón, y es el aspecto que tiene el tejido de tu camiseta o de tus sábanas antes de convertirse en tela. ¡Pakistán es una superestrella en lo que se refiere al cultivo de estas diminutas nubes de alegría!

Hace muchos miles de años, antes de que Pakistán se llamara Pakistán, había un lugar llamado la Civilización del Valle del Indo. Y sus habitantes eran maestros cultivadores de algodón. Transmitieron sus conocimientos de padres a hijos a lo largo del tiempo. ¿El resultado? Pakistán es el quinto productor mundial de algodón.

Sólo los enormes países de India, China, EE.UU. y Brasil producen más (¡y todos ellos tienen mucha más tierra para cultivar!) ¿Cuál es el secreto del éxito algodonero de Pakistán? Mucho sol, un suelo rico y conocimientos agrícolas de hace cien años. Cada vez que te pongas una camiseta suave, ¡piensa en ella como en un choca esos cinco de Pakistán!

Sri Lanka

El paraíso del té

- Población: 23 millones
- Capital: Sri Jayawardenepura Kotte
- Lenguas oficiales: Cingalés y tamil

¿Te gusta saborear una taza de té caliente en un frío día de invierno? ¿O tal vez un té dulce helado en la playa sea más tu estilo? Lo tomes como lo tomes, puede que Sri Lanka haya estado detrás de tu delicioso momento.

Hace mucho tiempo, Sri Lanka era todo café. Pero una enfermedad de las plantas apodada "Emily devastadora" acabó con sus cosechas de café. Al ver que sus sueños cafeteros se desmoronaban, un plantador escocés llamado James Taylor tuvo una idea. Cultivó plantas de té como experimento en uno de sus campos, ¿y adivina qué? ¡Fue un rotundo éxito!

Hoy, esta diminuta isla del océano Índico es una de las cinco principales naciones productoras de té. Siempre que te tomes una taza de té, imagínatela iniciando su viaje desde las exuberantes colinas de Sri Lanka. Menuda historia la del té, ¿verdad?

Capítulo 4: Asia Central

Kazajistán

El explorador de la energía

- Población: 19 millones
- Capital: Astaná
- Lenguas oficiales: Kazajo y ruso

¿Te has imaginado alguna vez como un valiente aventurero en busca de un tesoro enterrado? Eso es exactamente lo que hace Kazajistán, pero no buscan oro ni joyas: ¡su tesoro es petróleo y gas!

El petróleo y el gas son como pociones mágicas que impulsan los coches, hacen funcionar nuestras fábricas e incluso calientan nuestros hogares. En las profundidades de Kazajistán se encuentra uno de los mayores yacimientos de petróleo del mundo, llamado yacimiento de Tengiz. Kazajistán trabaja con empresas de todo el mundo para encontrar nuevas formas de desenterrar este valioso tesoro, lo que les convierte en un gigante de la industria energética.

La próxima vez que sientas el ronroneo del motor de un coche o disfrutes del calor de tu hogar, recuerda que podrías estar experimentando los frutos de la increíble caza de energía de Kazajistán. Es la emocionante historia de la capacidad de aventura de una nación que convierte un regalo de la naturaleza en la energía del mundo.

Uzbekistán

El buscador de maravillas ocultas

- Población: 31 millones
- Capital: Taskent
- Lengua oficial: Uzbeko

¿Has oído hablar del uranio? Es un tipo especial de roca que puede utilizarse para crear mucha energía. ¿Y adivina dónde puedes encontrarlo? En Uzbekistán.

Hace mucho tiempo, Uzbekistán formaba parte de un gran grupo de países conocido como la Unión Soviética. Todos trabajaban juntos para encontrar cosas especiales en la tierra, como el uranio. Cuando descubrieron que Uzbekistán tenía muchas de estas rocas especiales, trajeron grandes máquinas para ayudar a recogerlas.

Aunque el grupo de países ya no trabaja junto como antes, Uzbekistán sigue utilizando las máquinas y los conocimientos que aprendieron para encontrar uranio. ¿Y adivina qué? Uzbekistán es uno de los diez mayores productores de uranio del mundo. Imagínate, ¡una roca de Uzbekistán podría estar ayudando a dar energía a tu casa! ¿No es increíble?

Capítulo 5: Asia Occidental (Oriente Medio)

Irán

Los audaces detectives de la energía

- **Población:** 89 millones
- **Capital:** Teherán
- **Lengua oficial:** Persa

Ya sabes cómo el petróleo y el gas mantienen en marcha nuestra vida cotidiana, ¿verdad? Pues bien, no es un solo país el que proporciona toda esa energía: ¡es un esfuerzo de equipo! Y una de las superestrellas de este juego energético es Irán.

En 1908, un audaz empresario británico llamado William Knox D'Arcy emprendió un viaje épico por Irán. Él y su equipo buscaban "oro líquido", ¡un apodo divertido que se les ocurrió para el petróleo! Irán es un país difícil de explorar, porque tiene vastos desiertos y un terreno difícil. Encontrar petróleo era como jugar al escondite. Pero aquí está el truco: nunca se rindieron, y con perseverancia encontraron petróleo en un lugar remoto llamado Masjed Soleiman.

Hoy en día, Irán produce millones de barriles de petróleo que se venden en toda Asia. Recuerda que cuando las cosas parezcan super difíciles, sigue buscando una solución, ¡porque a veces los tesoros más asombrosos se esconden en los lugares más escondidos!

Israel
Las estrellas de la tecnología

- Población: 9,2 millones
- Capital: Jerusalén
- Lenguas oficiales: Hebreo

¿Alguna vez se te ha ocurrido una solución nueva y genial para un problema? ¿Una en la que nadie haya pensado antes? Eso es algo que Israel también hace muy bien. De hecho, hay tantas mentes brillantes llenas de nuevas ideas en Israel que a menudo se le llama la "Nación de las Startups", ¡por la cantidad de nuevas empresas que están resolviendo retos difíciles!

Pero, ¿por qué Israel es una superestrella de las startups? No es sólo su espíritu audaz y su habilidad para la innovación. También es su cultura. En Israel se anima a la gente a hacer preguntas difíciles, sobre todo, a ser curiosa, a seguir aprendiendo y a no rendirse nunca. Cuando alguien intenta algo nuevo y no funciona, ¡simplemente se sacude el polvo y vuelve a intentarlo!

Está bien pensar diferente igual que Israel. Quizá tu juego favorito o una aplicación útil en el teléfono de tus padres fue inventada por una startup israelí. ¡Sé audaz, valiente e innovador, como las estrellas tecnológicas de Israel!

Arabia Saudita

El rey del petróleo

- Población: 36 millones
- Capital: Riad
- Lengua oficial: Árabe

No pensarías que nos habíamos quedado sin superestrellas energéticas de las que hablarte, ¿verdad? Hablemos ahora de la mayor de todas: ¡Arabia Saudita!

En la década de 1930, Arabia Saudita y una compañía petrolera estadounidense se embarcaron juntas en una aventura. Formaron un equipo llamado Arabian American Oil Company, que hoy es más conocido por el sobrenombre de Aramco.

¿Adivina qué? Aramco encontró un tesoro secreto: el yacimiento de Ghawar, un enorme pozo de petróleo que daba y daba. Gracias a este asombroso hallazgo y a un trabajo en equipo de primera categoría, Arabia Saudita se convirtió en el lugar al que acuden los países que necesitan petróleo (¡que son casi todos!).

Así que la próxima vez que trabajes en un proyecto con un amigo, piensa en la historia de Arabia Saudita: con un buen trabajo en equipo y una mentalidad de no rendirse nunca, tú también puedes descubrir cosas mágicas.

Turquía
Los artesanos del automóvil

- Población: 84 millones
- Capital: Ankara
- Lengua oficial: Turco

¿Has construido alguna vez un coche de juguete, pieza a pieza? Ahora, ¡imagínate hacerlo con piezas de coche reales y de tamaño real! ¡Ese es el mejor talento de Turquía!

Aunque Turquía lleva siglos fabricando productos textiles y alimenticios, en el siglo XX aceleró su juego tecnológico. Bajo el liderazgo de su primer presidente, Mustafa Kemal Atatürk, Turquía empezó a centrarse más en modernizarse y adoptar nuevas tecnologías.

Hoy, Turquía se encuentra entre los principales productores y exportadores de automóviles del mundo. Pero lo que hace única a la industria automovilística turca es su experiencia en la fabricación de piezas innovadoras de alta calidad que se utilizan en vehículos de todo el mundo, desde motores a frenos, ¡y mucho más!

La próxima vez que vayas al colegio o al parque, recuerda: ¡algo de Turquía puede estar ayudándote a moverte! Al adoptar la tecnología y la innovación, Turquía ha ayudado a personas de todo el mundo a llegar a donde necesitan ir!

Emiratos Árabes Unidos

Los escultores rascacielos

- Población: 10 millones
- Capital: Abu Dhabi
- Idioma oficial: Árabe

¿Te gusta jugar con bloques y apilarlos más alto que nadie? Eso es lo que también les gusta hacer a los Emiratos Árabes Unidos (EAU), ¡pero con materiales reales como el acero, el cristal y el hormigón!

Su camino hacia la grandeza arquitectónica comenzó a finales del siglo XX, impulsado por la riqueza petrolífera y la ambición de transformar el desierto en ciudades deslumbrantes. Ahora, los EAU son un enorme patio de recreo arquitectónico, hogar de la torre más alta del mundo, el Burj Khalifa, y de muchas otras maravillas.

He aquí una sorpresa: algunas torres de los EAU son tan altas que puedes ver la puesta de sol dos veces: ¡una desde abajo y otra desde arriba! Increíble, ¿verdad? Las proezas arquitectónicas de los EAU nos demuestran que soñar a lo grande puede, literalmente, elevar nuestras perspectivas.

Chicos y chicas, ¡Sueñen en GRANDE!

QUIZ

¿Puedes completar los nombres de los países que discutimos en el mapa? Si necesitas ayuda, ¡no dudes en echar un vistazo a las páginas 8-9!

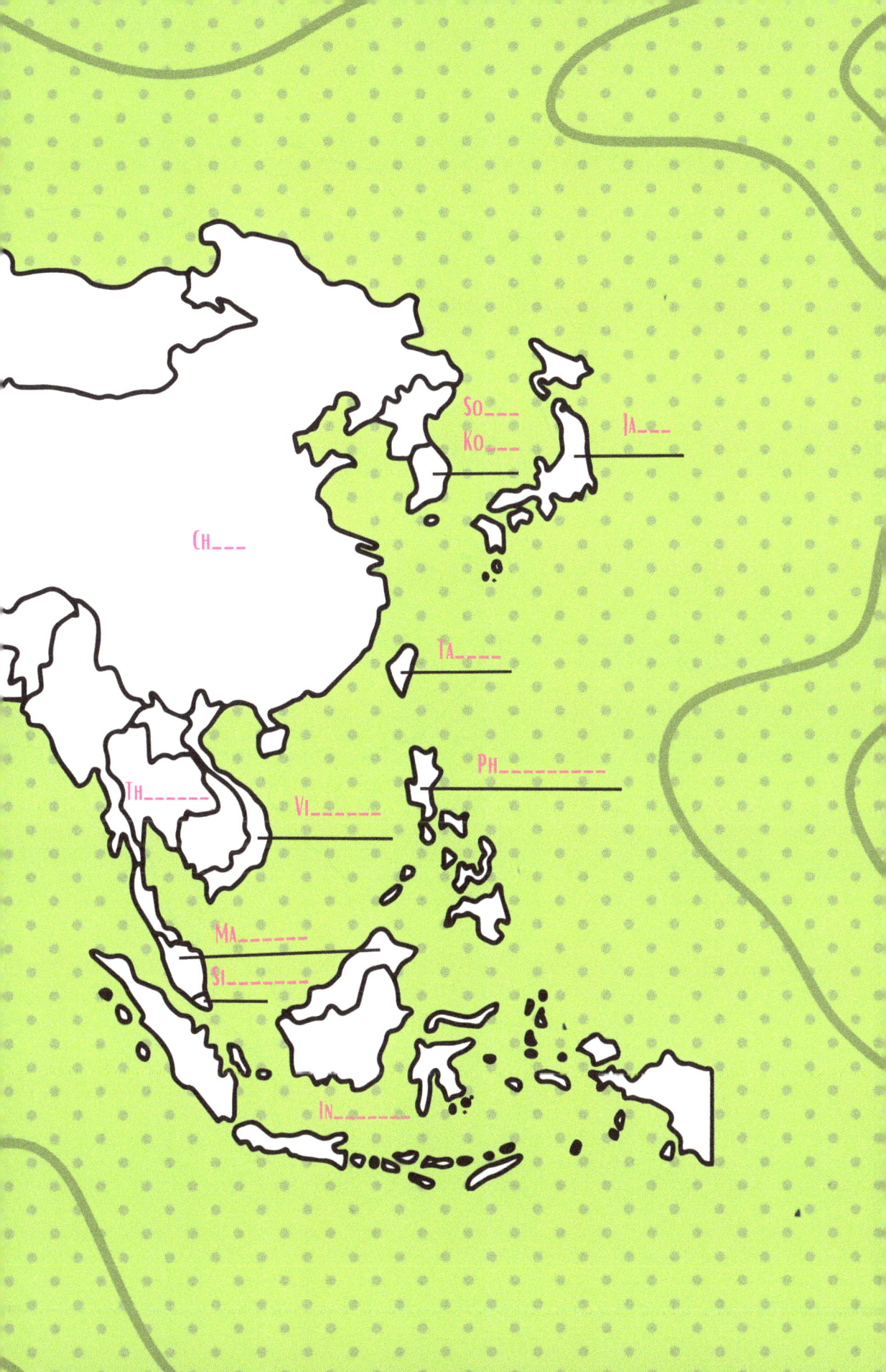

Glosario

App

Un programa en tu teléfono o tableta que te permite hacer diferentes cosas, como jugar, dibujar, aprender o chatear con algún amigo.

Negocios

La actividad de vender cosas o prestar servicios a cambio de dinero.

Digital

La forma en que las computadoras convierten la electricidad en imágenes que podemos ver o sonidos que podemos oír en nuestros aparatos electrónicos.

Tejido

Material que se teje a partir de hebras individuales. Lo utilizamos para hacer ropa, cortinas y mucho más.

Fertilizantes

Alimento especial para plantas que las ayuda a crecer altas y fuertes. Es como vitaminas para las plantas.

Circuitos integrados

Combinación de piezas diminutas que transmiten electricidad y ayudan a que nuestros juguetes y aparatos piensen y funcionen.

Canales de riego

Ayudan a dar de beber a las plantas cuando están lejos de ríos o lagos para que no tengan sed.

Fabricación

Fabricar cosas en grandes cantidades, como juguetes o coches. Es como un gran taller donde se fabrica mucho de lo mismo una y otra vez.

Subcontratación

Como pedir ayuda a un amigo. Es dar algunas tareas a otros que son realmente buenos en ellas.

Pesticidas

Aerosoles que mantienen a los bichos alejados de nuestras plantas. Pero ¡cuidado! También pueden dañar a otras plantas, animales e incluso personas si no se utilizan correctamente.

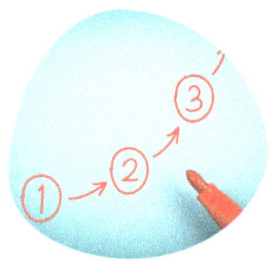

Proceso

Una guía paso a paso que te ayuda a hacer o encontrar cosas geniales. Es como seguir el mapa de un tesoro.

Chips semiconductores

Los cerebros de nuestros aparatos electrónicos que ayudan a funcionar a nuestros teléfonos, televisores y otros aparatos.

Streaming

Cuando ves un vídeo o escuchas música de un sitio web como YouTube, ¡eso es streaming!

Tecnología

Herramientas e inventos que hacen la vida más fácil y divertida. La tecnología ayuda a la gente a hacer las cosas más rápido y mejor.

Transistores

Pequeños interruptores en nuestros aparatos que controlan el flujo de electricidad. Es como un policía de tráfico para la electricidad en nuestros aparatos.

Uranio

Una roca especial del subsuelo que puede producir mucha electricidad en un tipo especial de central eléctrica. Es como la batería más potente del mundo.

Biografía de la autora

Yeonsil Yoo es autora de libros infantiles y orgullosa madre de una niña multicultural, Yoona, que es coreana, china, estadounidense y canadiense. Como madre y empresaria, Yeonsil aspira a enseñar no sólo sobre sus raíces asiáticas, sino también lecciones del mundo real, especialmente sobre dinero, negocios y perspectivas del mundo. Escribió este libro para su hija y otras mentes jóvenes curiosas, para ayudarles a conocer el mundo real y animarles a soñar a lo grande. Para estar al día de sus libros, visita su sitio web en www.upflybooks.com o síguela en Instagram @upflybooks.

¿Disfrutaste esta aventura? Si es así, ¿podrías calificar este libro dejando algunas estrellas en Amazon? ¡Tu calificación ayuda a otras familias a encontrar este libro y me permite crear aún más viajes emocionantes para que todos disfruten!

www.ingramcontent.com/pod-product-compliance
Lightning Source LLC
Chambersburg PA
CBHW051526220426
43209CB00105B/1648